Dados Internacionais de Catalogação na Publicação (CIP) de acordo com ISBD

K212   Kauffmann, Flavio

Tchau, Mixirica! / Flavio Kauffmann; ilustrado por Flavio Kauffmann. - Jandira, SP : Pingue Pongue, 2022.
18 p. : il.; 22,5cm x 27,5cm.

ISBN: 978-65-84504-18-9

1. Literatura infantil. 2. Descoberta. 3. Luto. 4. Triste. 5. Sentimentos. 6. Emoções. 7. Pai. Família. 8. Saudades. I. Título.

CDD 028.5
2022-0513   CDU 82-93

Elaborado por Lucio Feitosa – CRB-8/8803

Índices para catálogo sistemático:
1. Literatura infantil 028.5
2. Literatura infantil 82-93

© 2022 Pingue Pongue Edições e Brinquedos Pedagógicos Ltda.
© Flavio Kauffmann
Revisão: Isabel Fernandes
Produção: Pingue Pongue

1ª Edição em 2022

www.cirandacultural.com.br

Todos os direitos reservados. Nenhuma parte desta publicação pode ser reproduzida, arquivada em sistema de busca ou transmitida por qualquer meio, seja ele eletrônico, fotocópia, gravação ou outros, sem prévia autorização do detentor dos direitos, e não pode circular encadernada ou encapada de maneira distinta daquela em que foi publicada, ou sem que as mesmas condições sejam impostas aos compradores subsequentes.

A Pingue Pongue é uma empresa do Grupo Ciranda Cultural.

Dedico este livro a
tudo que nos faz bem.

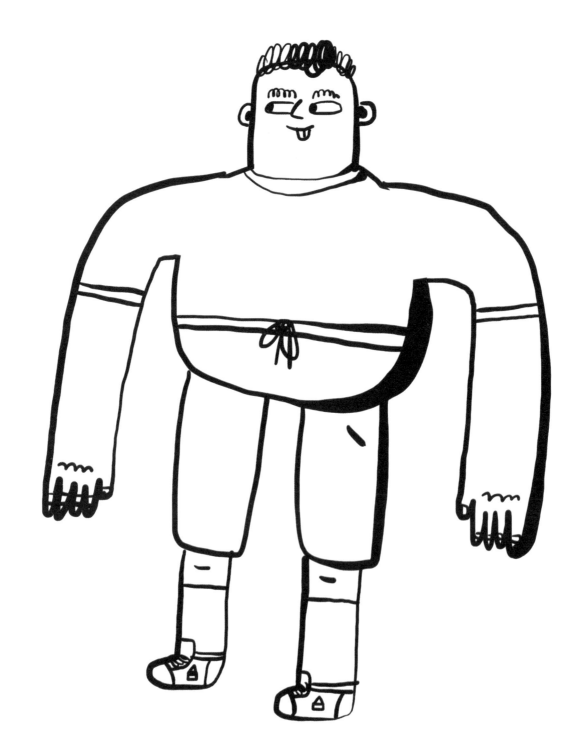

BUZÁ AGUARDAVA SEU SUCO ANSIOSAMENTE. FICAVA LEMBRANDO DO GOSTO DA ÚLTIMA VEZ QUE O TOMOU, ONDE TOMOU E QUANDO TOMOU. ERA O SEU SUCO PREFERIDO!

AH, FINALMENTE CHEGOU!
QUE COR LINDA, QUE CHEIRO MARAVILHOSO. QUE DELÍCIA!
BUZÁ SE DELICIAVA ENQUANTO BEBIA SEU SUCO.

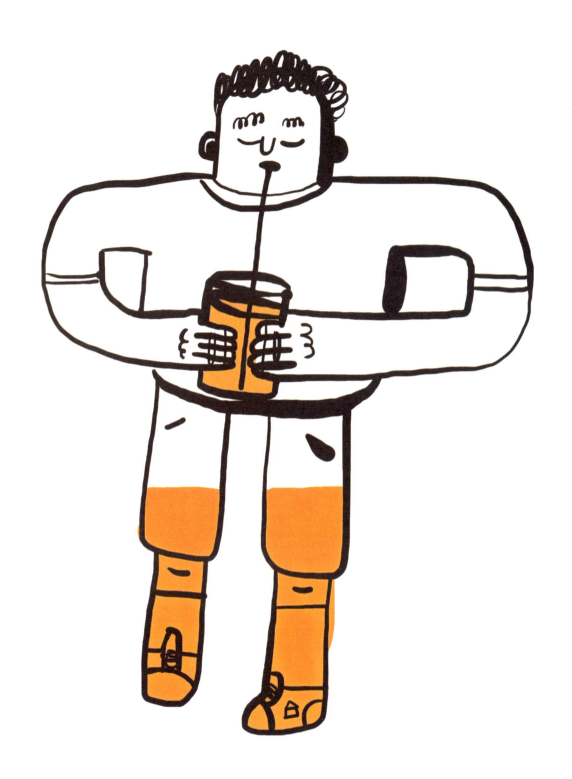

O SUCO ERA DOCINHO, MAS TAMBÉM AZEDO. NA VERDADE, ENQUANTO PASSAVA PELA LÍNGUA DE BUZÁ, VÁRIOS SABORES E EMOÇÕES APARECIAM. BUZÁ GOSTAVA TANTO DO SUCO QUE QUERIA BEBER O MAIS RÁPIDO POSSÍVEL.

MAS BUZÁ LEMBROU QUE UMA HORA O SUCO IRIA ACABAR. E RAPIDAMENTE PAROU DE BEBÊ-LO. ELE OLHOU PARA O COPO E VIU QUE ESTAVA METADE VAZIO. UMA TRISTEZA TOMOU CONTA DE BUZÁ.

ELE GOSTAVA TANTO DO SUCO, QUE QUANDO ACABASSE, SERIA MUITO TRISTE. TALVEZ FOSSE MELHOR NEM BEBÊ-LO MAIS. MAS ERA TÃO GOSTOSO... TALVEZ FOSSE MELHOR BEBER BEM DEVAGARZINHO.

A CADA GOLE DO SUCO, POR MAIS DELICIOSO QUE FOSSE, BUZÁ IA ENTRISTECENDO. CONFORME A BEBIDA CHEGAVA AO FIM, BUZÁ A SABOREAVA BEM DEVAGARZINHO E COM MUITA ATENÇÃO.

ELE PENSAVA: "TENHO MAIS TRÊS GOLES, OU APENAS DOIS? NÃO QUERO FICAR SEM O SUCO. IH, ESTÁ ACABANDO! SÓ MAIS UM MINIGOLE. QUE PENA, FALTA TÃO POUQUINHO." E ASSIM BUZÁ CONTINUOU, ATÉ A ÚLTIMA GOTA. E O SUCO ACABOU.

ELE QUERIA MAIS, MAS NÃO HAVIA MAIS. O COPO VAZIO LHE DAVA TANTA TRISTEZA, TANTA SAUDADE. ENTÃO ELE PERCEBEU QUE O SUCO NÃO ESTAVA MAIS NO COPO. ESTAVA NELE.

OS GOSTOS, AS EMOÇÕES, O COLORIDO. ISSO TUDO AGORA FAZIA PARTE DELE. E TODAS AQUELAS ÓTIMAS SENSAÇÕES CONTINUAVAM FAZENDO BEM PARA ELE. E ASSIM BUZÁ FICOU FELIZ. BUZÁ ADORA SUCO DE LARANJA.

É... LARANJA. VOCÊ PENSOU QUE ERA OUTRO SABOR DE SUCO? AH, NÃO! O TÍTULO DO LIVRO NÃO É O NOME DE UMA FRUTA. A FRUTA SE CHAMA "MEXERICA".

MIXIRICA, COM "I", ERA O NOME DO PAI DE BUZÁ. NA VERDADE, O NOME DO SEU PAI ERA GENALDO, MAS TODOS O CHAMAVAM DE MIXIRICA. BUZÁ TAMBÉM SENTIA FALTA DO MIXIRICA. ELE MORREU PORQUE UMA DOENÇA MUITO FORTE O LEVOU.

AO LEMBRAR DE SEU PAI, BUZÁ FICOU MUITO TRISTE. ELE CHOROU POR ALGUM TEMPO, MAS DEPOIS LEMBROU DO SUCO. BUZÁ PERCEBEU QUE, COMO A BEBIDA, SEU PAI AINDA ESTAVA LÁ, COM ELE.

AS COISAS BOAS QUE PASSARAM JUNTOS, AS COISAS QUE APRENDERAM, O CARINHO DELE, O ABRAÇO, O CHEIRO. TUDO ESTAVA LÁ DENTRO DE BUZÁ. E CONTINUARIA LÁ, PARA SEMPRE. ELE FAZIA PARTE DA VIDA DE BUZÁ.

IGUAL A TUDO QUE PASSA POR NÓS E VAI EMBORA. UM SUCO, UMA TORTA, UM PARENTE, UM BICHINHO OU UM AMIGO. É TRISTE QUANDO ALGO BOM SE ACABA, MAS O BEM JÁ FOI FEITO E NADA TIRARÁ ISSO DE DENTRO DE NÓS.

FLAVIO KAUFFMANN

Oi, eu que escrevi e desenhei este livro. Desde muito pequeno sou apaixonado por histórias, lidas, escutadas, vividas ou imaginadas. Acredito que, se observarmos com atenção, o mundo ao nosso redor é repleto de narrativas incríveis e é justamente daí que tiro as minhas obras. Eu gosto de tomar chuva, correr sem saber aonde vou parar e ter longas conversas. Caso queiram me falar alguma coisa, me procurem no instagram @flaviokauffmann.

COLEÇÃO EXPERIÊNCIAS

Com a intenção de suprir lacunas culturais da nossa sociedade, a Coleção Experiências se propõe a trazer conteúdos que auxiliem na construção de repertório para refletirmos sobre a vida. Cada título aborda um tema que em geral é pouco apresentado ao público. *Tchau, Mixirica!* convida os leitores a pensarem sobre o luto. Os outros títulos da coleção são: *O vaso preferido da casa*; *Micala, a caixa que fala*; *Um, dois, três...* e *Pamão Pamateia*.